I CAN DO HARD

MINDFUL AFFIRMATION

Yo Puedo Hacer Cosas Difíciles

AFIRMACIONES CONSCIENTES PARA NIÑOS

Gabi Garcia

Illustrated by
Charity Russell

I don't always feel brave, confident, or strong.
Sometimes it's easier to follow others along.

No siempre me siento valiente, firme, o fuerte.
A veces seguir a los demás más fácil parece.

I get so many messages about how I should be.

Pulled in different directions, I feel wobbly!

Recibo tantos mensajes sobre cómo debería ser.

Me tironean en diferentes direcciones, ¡me siento inestable y sin poder!

When this happens, I listen for that quiet voice inside. When I pay attention, that voice is my guide.

Cuando eso sucede, escucho a mi voz interna.

Cuando le presto atención, esa voz es mi guía.

I connect with the love
and strength it brings.

It helps me remember:
I can do hard things.

Me conecta con el amor
y la fuerza que trae.

Me ayuda a recordar:
puedo hacer cosas
difíciles.

I can be a friend to myself.

Puedo ser mi propia amiga.

I can feel all my feelings.

Puedo sentir todos mis sentimientos.

I can ask for help.

Puedo pedir ayuda.

I can try again, rather than give up.

Puedo intentar algo nuevamente en lugar de rendirme completamente.

I can believe in myself.
Puedo creer en mis habilidades.

I can speak up when it would be easier to stay quiet.

Puedo hablar cuando sea más fácil permanecer en silencio.

I can say no, even to my friends.

Puedo decir que no, incluso a mis amigos.

I can apologize.

Puedo disculparme.

I can forgive.

Puedo perdonar.

I can listen to understand different points of view.

Puedo escuchar y entender diferentes puntos de vista.

I can care for my community.

Puedo cuidar a mi comunidad.

I can choose kindness.

Puedo elegir la amabilidad.

I can practice peace.

Puedo practicar la paz .

I can share my gifts with the world.
Puedo compartir mis regalos con el mundo.

I can be myself.

Puedo ser tal como soy.

Hard things can be about what we think, feel, say, or do.

Las cosas difíciles pueden ser sobre lo que pensamos, sentimos, decimos, o hacemos.

What's hard for me may not be hard for you.

Lo que es difícil para mí, puede que no sea difícil para ti. Todos somos únicos.

You are you,
and I am me.

Tú eres tú y
yo soy yo.

We walk through the world differently.

Caminamos de diferente manera por el mundo.

Trusting my voice helps me find my way.

Confiar en mi voz me ayuda a encontrar mi camino.

I grow braver and stronger every day.

Cada día me vuelvo más valiente y fuerte, como es mi destino.

The tough stuff I face is all my own.

Las cosas difíciles que enfrento son todas mías.

But I can also remember I'm not alone.

Pero me recuerdo que no hay desamparo en mis días.

I'm ready for the hard things I have to do.

Me siento capaz para enfrentar las cosas difíciles que tengo que hacer.

And please remember, **so are you!**

¡Y tú también lo eres! Nos ayudan a crecer.

MINDFUL AFFIRMATIONS

To be **mindful** is to be aware of what is happening right now. An **affirmation** is a short phrase or statement about yourself that is supportive, helpful or motivating to you in some way.

Mindful affirmations connect you with what you need to hear. Find one for yourself!

1. Choose an affirmation that you connect with from the book, or come up with your own.
2. Take a few deep breaths. Repeat it silently to yourself. Pay attention to how it makes you feel.
3. Think about how this affirmation is supportive or helpful to you. If it isn't helpful or supportive, choose another one.
4. Write your affirmation down. Place it somewhere that you'll see it and repeat it to yourself.

What you say to yourself matters!

Mindful affirmations become your inner voice. They support you in doing hard things-- whatever they may be for you.

AFIRMACIONES CONSCIENTES

El ser **consciente** significa mantener una atención plena en lo que está ocurriendo en el momento actual. Una **afirmación** es una frase o declaración corta propia que apoya, ayuda o motiva de alguna manera.

Las **afirmaciones conscientes** te conectan con lo que necesitas oír. ¡Encuentra una afirmación para ti!

1. Escoge una afirmación que se encuentre en este libro con la cual puedes hacer una conexión o crea una por tu propia cuenta.

2. Toma unas respiraciones profundas y repite la afirmación. Toma cuenta de cómo te hace sientir.

3. Refleja en cómo esta afirmación te ayuda o te apoya. Si la afirmación no te parece útil o favorable, escoge otra.

4. Escribe tu afirmación. Colócala en un lugar visible y repítela a diario.

¡Lo que te dices, vale!

Las afirmaciones conscientes se convierten en tu voz interna, que te sostiene para poder realizar lo difícil — no importa lo que este sea.

I CAN BE A FRIEND TO MYSELF.

CAN FEEL ALL MY FEELINGS.

I CAN ASK FOR HELP.

I CAN TRY AGAIN RATHER THAN GIVE UP.

I CAN BELIEVE IN MYSELF.

I CAN SPEAK UP.

I CAN SAY NO, EVEN TO MY FRIENDS.

I CAN APOLOGIZE.

I CAN FORGIVE.

I CAN LISTEN TO UNDERSTAND DIFFERENT POINTS OF VIEW.

I CAN CARE FOR MY COMMUNITY.

I CAN CHOOSE KINDNESS.

I CAN PRACTICE PEACE.

I CAN SHARE MY GIFTS WITH THE WORLD.

I CAN BE MYSELF.

I CAN DO HARD THINGS.

PUEDO SER MI PROPIO AMIGO.

PUEDO SENTIR TODOS MIS SENTIMIENTOS.

PUEDO PEDIR AYUDA.

PUEDO INTENTAR ALGO NUEVAMENTE, EN VEZ DE RENDIRME.

PUEDO CREER EN MIS HABILIDADES.

PUEDO HABLAR CUANDO SEA MAS FÁCIL PERMANECER EN SILENCIO.

PUEDO DECIR QUE NO, INCLUSO A MIS AMIGOS.

PUEDO DISCULPARME.

PUEDO PERDONAR.

PUEDO ESCUCHAR Y ENTENDER DIFERENTES PUNTOS DE VISTA.

PUEDO CUIDAR A MI COMUNIDAD.

PUEDO ELEGIR LA AMABILIDAD.

PUEDO PRACTICAR LA PAZ.

PUEDO COMPARTIR MIS REGALOS CON EL MUNDO.

PUEDO SER TAL COMO SOY.

YO PUEDO HACER COSAS DIFÍCILES.

PARENTS & EDUCATORS

We all have an inner voice. It talks to us in our minds all day long as we think about what's happening around us. It affects how we behave and feel, so helping children learn to pay attention to their inner voice is important. This is especially true if their inner voice is mean or critical.

Children navigate challenges all day long, and they need tools to shape their inner voice into a helpful presence. Affirmations are a great tool they can learn to use to offer support to themselves.

I believe that affirmations work when they resonate and are meaningful rather than overly positive and cheerful.

Affirmations in the book, such as, "I can feel all my feelings," may ring truer to someone feeling disappointed than a statement such as "I'm awesome!

Nurturing a wise and supportive inner voice takes practice, but thankfully it's a skill that can be developed. Below are other things you can do to support your child's inner voice as they navigate hard things.

Validate and normalize what's hard for them. Listen and respond empathically when a child comes to you with a problem rather than dismissing something as "no big deal" or trying to solve their problem.

Guide them to pay attention to how their thoughts make them feel. Reflect on how it feels to hear encouraging and helpful words versus mean or critical statements. The same applies to the thoughts they tell themselves.

If you notice negative self-talk happening with your child, ask them to think about what they'd say to a friend having the same experience. Then, you can guide them in coming up with more helpful thoughts.

Model resilience and self-compassion. Talk about hard things you've navigated and mistakes you've made without judgment or criticism.

PARA ADULTOS COMPASIVOS

Todos tenemos una voz interior. Nos habla en nuestra mente todo el día mientras pensamos en lo que sucede a nuestro alrededor. Afecta cómo nos comportamos y sentimos, por lo que es importante ayudar a los niños a aprender a prestar atención a su voz interior. Esto es especialmente cierto si su voz interior es mezquina o crítica.

Los niños enfrentan desafíos durante todo el día y necesitan herramientas para convertir su voz interior en una presencia útil. Las afirmaciones son una gran herramienta que pueden aprender a utilizar para ofrecerse apoyo a sí mismos.

Creo que las afirmaciones funcionan cuando resuenan y son significativas en lugar de demasiado positivas y alegres. Afirmaciones en el libro, como "Puedo sentir todos mis sentimientos", pueden parecer más verdaderas para alguien que se siente decepcionado que una afirmación como "¡Soy increíble!

Fomentar una voz interior sabia y solidaria requiere práctica, pero afortunadamente es una habilidad que se puede desarrollar.

Valide y normalice lo que es difícil para ellos. Escuche y responda con empatía cuando un niño acuda a usted con un problema, en lugar de descartar algo como «no es para tanto» o intentar resolver su problema.

Guíele para que preste atención a cómo le hacen sentir sus pensamientos. Reflexione sobre cómo se siente al oír palabras alentadoras y útiles frente a afirmaciones mezquinas o críticas. Lo mismo se aplica a los pensamientos que se dicen a sí mismos.

Si observa que su hijo se dice cosas negativas, pídale que piense en lo que le diría a un amigo que tuviera la misma experiencia. Luego, puede guiarle para que encuentre pensamientos más útiles.

Sé un ejemplo de resiliencia y autocompasión. Háblale de las cosas difíciles por las que has pasado y de los errores que has cometido sin juzgarle ni criticarle.

Gabi Garcia is a mama, picture book author, and licensed professional counselor. She spent the last 20 years working with children as a school counselor.

Gabi writes books that support parents, educators, and caregivers in nurturing mindful, socially and emotionally aware children. You can find out more on her website: gabigarciabooks.com.

GROW YOUR SOCIAL-EMOTIONAL LIBRARY!

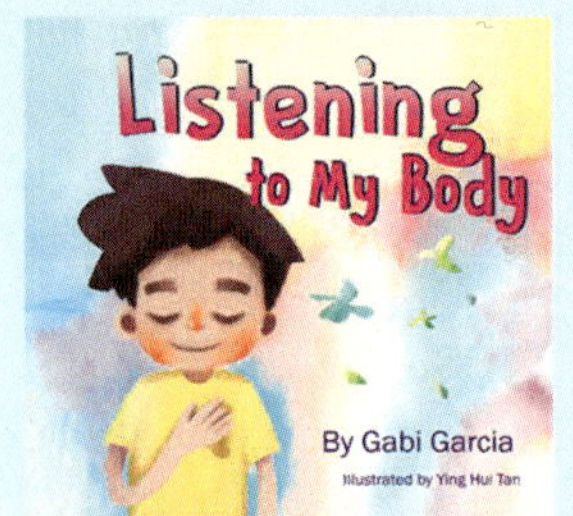

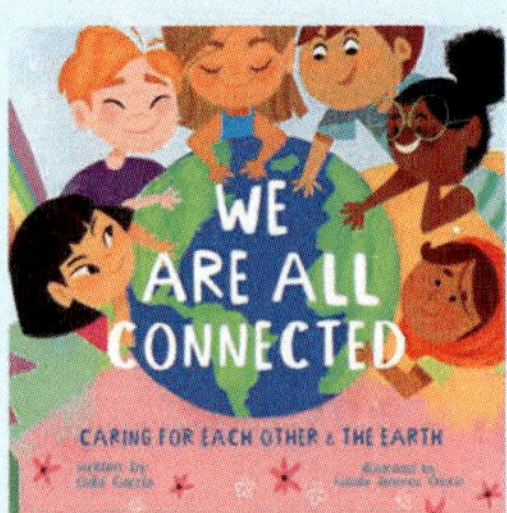

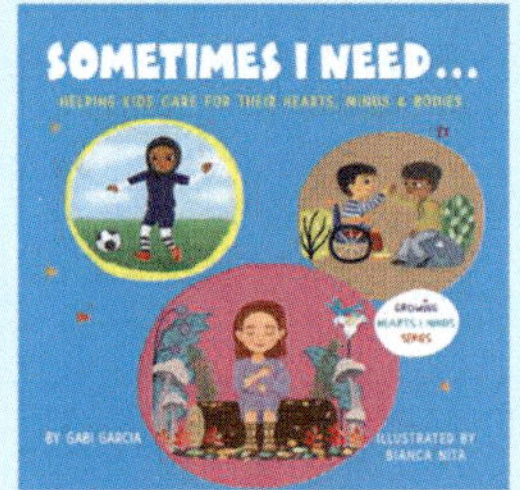

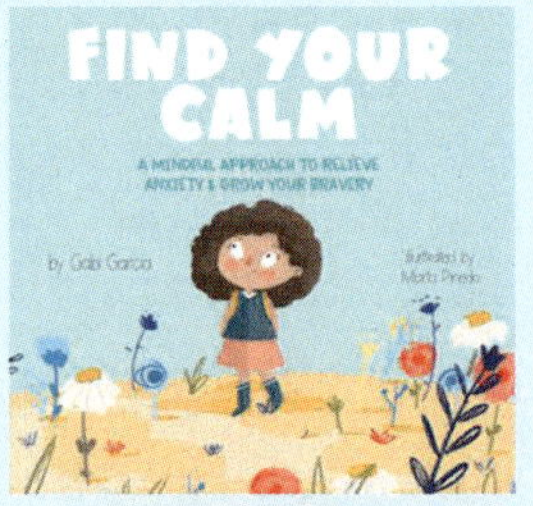

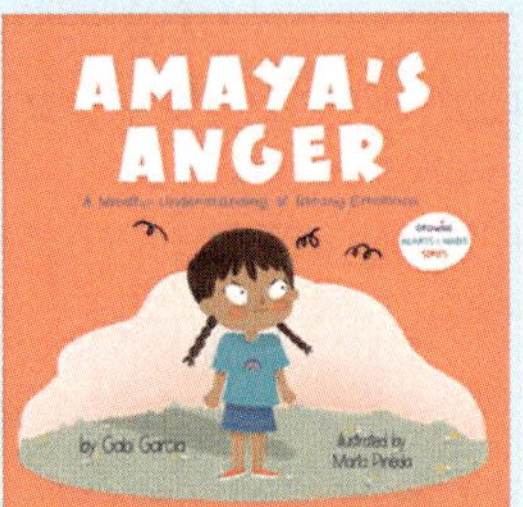

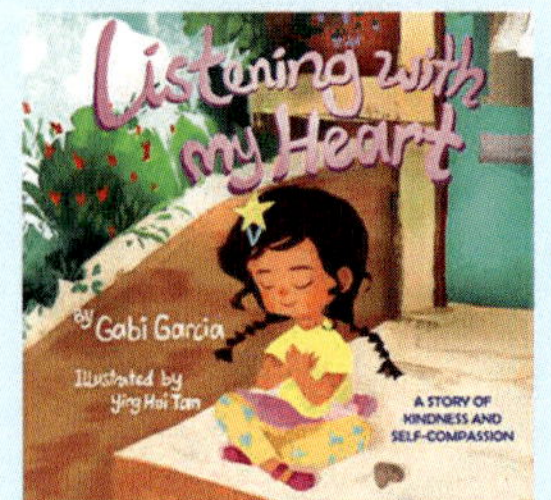

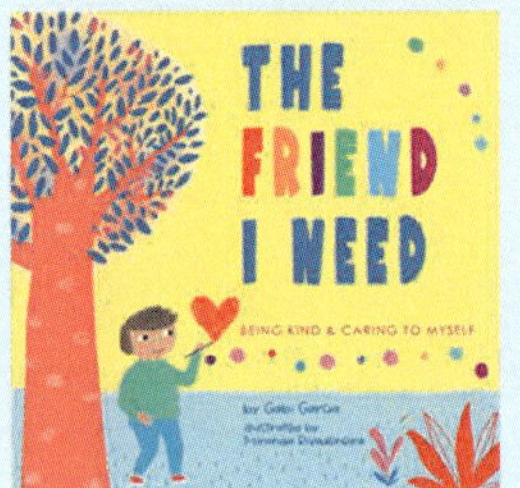

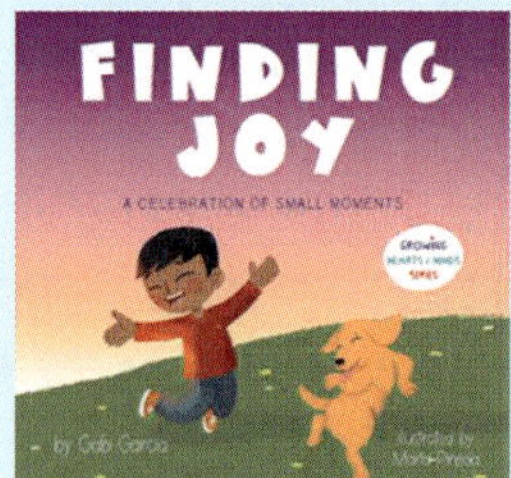

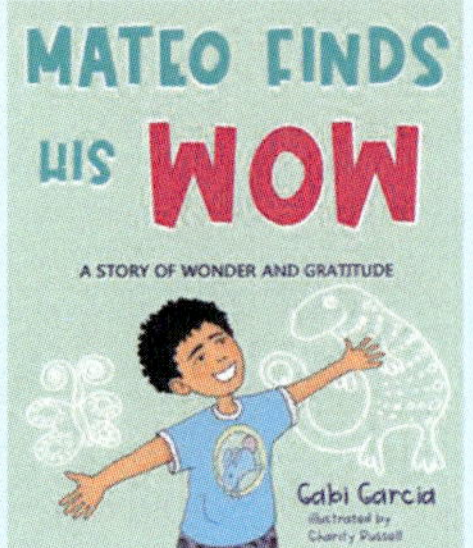

ALL TITLES AVAILABLE IN SPANISH

Charity Russell lives with her husband and two children in Bristol. She attended Falmouth University College where she obtained a Bachelors degree in Illustration and Design, followed a few years later by a Master degree from the University of Sunderland.

You can see her work and contact her through her website charityrussell.com.

Dedicated to children doing hard things every day.

Dedicado a los niños que hacen cosas difíciles todos los días.

gabigarciabooks.com
Illustrations by Charity Russell

Paperback ISBN: 978-1-949633-34-4
e-book ISBN: 978-1-949633-35-1

skinned knee
publishing

902 Gardner Rd. No. 4
Austin, Texas 78721

Made in the USA
Monee, IL
22 February 2025